CAMBIA DE TRAYECTORIA PROFESIONAL

Las claves para reciclarse profesionalmente

Por Renée Francis

Traducido por Laura Soler Pinson

Coaching en50MINUTOS.es

CÓMO CAMBIAR DE PROFESIÓN 1

EL ABECÉ DEL RECICLAJE TRANQUILO 3

Antes de lanzarse
Encontrar el camino

LOS MEJORES CONSEJOS 19

PREGUNTAS FRECUENTES 22

¿Cómo escoger mi nueva profesión?
¿Hasta qué edad puedo reciclarme profesionalmente?
¿Existen profesiones más propicias para un reciclaje?
No me gusta mi trabajo actual, pero tengo un contrato indefinido. ¿Es acertado dejarlo todo?
¿Cómo financiar mi reciclaje?
¿Cuáles son los escollos que debo salvar?

¡AHORA ES TU TURNO! CINCO ETAPAS CLAVE 26

PARA IR MÁS ALLÁ 28

CÓMO CAMBIAR DE PROFESIÓN

- **¿Problemática?** ¿Cuáles son las etapas que debo superar para vivir con total tranquilidad un periodo de reciclaje profesional?
- **¿Utilidad?** Si se hace bien, el cambio de profesión puede ser una fuente de realización personal y profesional. Esto implica que debemos llevar a cabo un trabajo previo de reflexión sobre nosotros mismos para conocer nuestras motivaciones, la profesión hacia la que queremos orientarnos, la formación que se adaptará mejor, etc. De esta manera, podremos alcanzar nuestro nuevo objetivo.
- **¿Contexto?** Desarrollo personal, orientación profesional, bienestar profesional.
- **¿Preguntas frecuentes?**
  - ¿Cómo escoger mi nueva profesión?
  - ¿Hasta qué edad puedo reciclarme profesionalmente?
  - ¿Existen profesiones más propicias para un reciclaje?
  - No me gusta mi trabajo actual, pero tengo un contrato indefinido. ¿Es acertado dejarlo todo?
  - ¿Cómo financiar mi reciclaje?
  - ¿Cuáles son los escollos que debo salvar?

Hoy en día, son pocos los empleados que conservan el mismo trabajo en una empresa durante toda su carrera. La rutina, el hastío, una presión demasiado elevada o las ganas de un cambio son algunos de los muchos motivos para un reciclaje profesional, aunque hay que llevarlo a cabo por las buenas razones. Posiblemente alguna vez hayas pensado en cambiar de profesión, ¿verdad? Sin embargo, a la hora de dar el salto, te asaltan las dudas: ¿y si mi nueva profesión no me gusta? ¿Seré capaz de encontrar un trabajo? ¿Qué formaciones debo seguir? ¿Cómo financiarlas? Todas estas preguntas generan estrés y frustración. No te preocupes: si bien es cierto que todo cambio implica asumir riesgos, puedes calcularlos y anticiparlos para evitar equivocarte de lleno. El reciclaje también implica saber avanzar más despacio. Por consiguiente, tómate tu tiempo para ojear nuestras recomendaciones y pensar etapa por etapa en tu nueva trayectoria profesional. En tan solo 50 minutos, este libro te ayudará a cambiar de rumbo sin perder el norte.

EL ABECÉ DEL RECICLAJE TRANQUILO

Una búsqueda de sentido

La búsqueda de sentido es el motor principal de un reciclaje. En efecto, dar un significado a nuestro día a día es una preocupación que muchos comparten. Y con razón, porque a día de hoy, el trabajo ya no solo representa una forma de sustento, sino también una fuente de realización. Así, es posible que a lo largo de nuestra carrera perdamos la pasión que nos movía antes o que ya no nos identifiquemos con la empresa y su filosofía. Por lo tanto, ya no tenemos ni las ganas ni la motivación para avanzar, y llevamos a cabo tareas que nos frustran. La búsqueda de sentido reside en sentirnos valorados personal y profesionalmente, en el hecho de sentirnos útiles y de que nos dejan participar.

Tienes que aceptar que, durante tu búsqueda, atravesarás periodos de duda. Precisamente cuando te replantees tus ideas le darás un sentido a tu vida profesional y favorecerás tu bienestar. Por consiguiente, todo reciclaje debe ir acompañado de una reflexión profunda y precedido de una introspección. Plantéate las siguientes preguntas:

- ¿Qué aspectos son más importantes para mí en el trabajo? ¿El humano, el económico, el intelectual?
- ¿Considero fundamental que mi profesión esté en consonancia con mis valores?
- ¿Necesito reconocimiento?
- ¿Cuál es mi verdadera ambición en la vida?

Las respuestas te revelarán unos primeros datos útiles sobre los que reflexionar. Por ejemplo, si le das más importancia al aspecto humano, se ajustará más a ti una profesión en el ámbito de lo social o de la comunicación que tu puesto actual como contable.

Reciclarse por las buenas razones

A lo largo de los años y con las distintas experiencias, nuestros objetivos van evolucionando. Independientemente de las situaciones (inicio de trayectoria profesional, tras una baja de maternidad, después de un despido o de un ascenso, etc.), podemos tener ganas de cambiar de profesión. Antes de emprender un nuevo camino, pregúntate qué te sedujo de tu profesión actual y cómo has llegado hasta este punto. ¿Elegiste tú tu profesión o fue ella la que te eligió a ti? ¿Has podido cursar estudios? ¿Te habría gustado iniciarte en otros ámbitos? ¿Tu puesto tiene que ver con tu formación? Estas preguntas te ayudarán a identificar un posible malestar.

Si sientes que tu lugar no está en tu puesto actual, el reciclaje puede ser la solución. Incluso si anteriormente pensaste que habías errado tu vocación, nada te impide que lo logres esta vez. No obstante, interpreta bien las señales, puesto que podría suceder que este periodo de duda solo fuera pasajero. Reciclarse por los motivos incorrectos se convertiría entonces en un error y probablemente no te traería el bienestar que estás buscando. Antes de lanzarte, es fundamental que analices las razones que te empujan a cambiar de profesión para asegurarte que tengan una base sólida y que no se trate de un arrebato. Para no tomar la decisión equivocada, completa la tabla que te presentamos a continuación, que te revelará los motivos de tus deseos de reciclaje profesional.

Motivo	Sí	No	Orden de importancia en una escala de 1 a 5					Comentario
Deseo de realización								
Sector de trabajo								
Colegas de trabajo								
Familia								
Pareja								
Aspecto económico								
Horario de trabajo								
Edad								
Estrés								
Síndrome de desgaste profesional								
Desarrollar un talento								
Aburrimiento								
Ambición/Sueño								
Salud								
Otros								

A continuación, pregúntate cuál es el origen real de este deseo de cambio, que se esconde detrás de los otros motivos mencionados (los que has marcado o añadido). El ser humano tiene una gran capacidad para inventar excusas, sobre todo cuando se trata de justificarse. Existe una buena razón que tendrás que identificar y que constituirá tu base. El resto es solo ornamental, pretextos o excusas que sirven para legitimar tu reciclaje; aun con todo, estos argumentos también revisten importancia, puesto que deberás tenerlos en cuenta el día que tomes tu decisión. No obstante, céntrate en tu motivación primera para no dispersarte y progresar de una manera más serena en tu reciclaje. Si bien existen decenas de buenas razones, ten presentes las siguientes, puesto que parece ser que a menudo son en realidad pasajeras:

- no soportas más el ambiente de trabajo;
- la colaboración con los compañeros es complicada;
- no sabes exactamente qué quieres;
- necesitas novedades constantemente;
- estás frustrado por tu salario, las tareas que realizas, etc.;
- tu entorno te anima a cambiar de trabajo por diversas razones;
- etc.

En efecto, en el mundo laboral, nada es para siempre y, por lo tanto, puede que en seis meses cambie tu jefe, recibas un ascenso, se concluya tu proyecto complejo, se solucione el desencuentro con tu colega, etc. Si se trata solamente de hastío general, haz una pausa, tómate unos días para respirar. Si por el contrario tu reciclaje viene motivado por un proyecto real, que te ronda la mente desde hace un tiempo, entonces merece la pena que pruebes suerte.

Informarse acerca del mercado de trabajo

Analiza la oferta y la demanda en el mercado de trabajo antes de lanzarte para no asumir riesgos inútiles. Infórmate: ¿cuáles son las necesidades y cuál es la competencia? ¿Tienes conocimientos o una solución específica para una demanda? Consulta los anuncios del sector que te interesa, recurre a tu red y evalúa las oportunidades económicas. Podrás sacar más cosas en claro y descartarás áreas demasiado inseguras.

ENCONTRAR EL CAMINO

Tras varios años ejerciendo en el mismo sector, a veces es difícil proyectarse en otro. Para algunos, la nueva senda profesional ya está trazada, pero para otros, todavía surgen preguntas. No existe una fórmula mágica para descubrir qué profesión se adapta a ti a la perfección. Así que, para aquellos que todavía buscan, el autoanálisis sigue siendo una de las mejores soluciones. Durante este ejercicio, mantén la mente abierta a cualquier posibilidad y a cualquier oportunidad: las ideas brillantes a menudo nacen de replanteamientos importantes.

Definir nuestras necesidades

La pirámide de Abraham Maslow (psicólogo estadounidense, 1908-1970) identifica cinco grupos de necesidades fundamentales:

Empieza por responder a tus necesidades básicas antes de pasar a los niveles superiores de la pirámide. Parece evidente que tu futura profesión podrá asegurar inicialmente tu supervivencia y, a continuación, responderá a tu deseo de reconocimiento. Para elaborar un buen análisis de tus necesidades, debes distinguir entre estas últimas, deseos y competencias. Por ejemplo, que quieras convertirte en dibujante de cómics no significa que dibujes bien. También puede suceder que esta actividad sea más un pasatiempo que una auténtica pasión. El deseo responde en mayor medida a la voluntad que a la necesidad. Define los elementos vitales para que tu trabajo cobre sentido y te permita realizarte plenamente.

Tomar en cuenta nuestros deseos

Aunque es fundamental tener en cuenta tus necesidades para culminar con éxito tu reciclaje, no dejes tus deseos aparcados, puesto que podrías cansarte muy rápidamente de tu nuevo trabajo. Si no tienes un plan de desarrollo profesional y tienes dificultades para discernir lo que quieres, empieza por elaborar una lista de lo que ya no deseas en tu vida profesional: acabar a las 21 h todos los días, desplazarse a diferentes ciudades, etc. Una vez que has establecido la lista, te resultará más fácil definir tus deseos. Si cambias de profesión partiendo de un proyecto concreto, ya habrás recorrido una parte del camino. Sin embargo, no dudes en matizar tus deseos y tus objetivos para poder elaborar un plan de reciclaje específico.

Muestra prudencia en todo momento: es magnífico estar motivado, pero puede ser un arma de doble filo. No consideres reales todos tus deseos: convertirse en astronauta es una bonita ambición, pero es un sueño que no está al alcance de todos. No obstante, no bajes los brazos ante tu primer obstáculo. Elabora una lista de ventajas y de inconvenientes de tu proyecto y observa hacia qué lado se inclina la balanza.

> «Siempre he querido viajar. Mi profesión soñada: reportero de animales. Los documentales sobre la vida de los animales salvajes en los grandes parques africanos me fascinan. Pero por lo que a mí respecta, siempre consideraré esta profesión un sueño. En mi lista de prioridades, mi pasión por la naturaleza y por los animales está por detrás de mi vida familiar y del apego por mi entorno. Además, aunque me apuntara a clases de fotografía, no podría ganarme la vida correctamente. Así, fue una decisión fácil» (Xavier).

«Mi hijo empezó con la restauración en mercados y en eventos. Con una buena experiencia en restaurantes y en un servicio de catering de renombre, decidió lanzar su propia empresa para responder a una demanda creciente entre la población: los food trucks. La fórmula es novedosa y está teniendo un éxito total por el momento. En este caso, es un reciclaje parcial, puesto que ya trabajaba en este sector. No obstante, el concepto es diferente de todo lo que ha conocido anteriormente. Antes de iniciar su actividad, identificó objetivamente los siguientes elementos: una demanda de los clientes, el deseo de trabajar como autónomo y las competencias para llevar a cabo su proyecto. Su horario de trabajo es exigente, pero no más que cuando trabajaba en restaurantes. Sin embargo, lo que sí cambia es que ahora se siente realizado en su nuevo puesto» (Johanna).

¡SÉ OPTIMISTA!

El reciclaje se presenta a menudo como una etapa estresante. Para contrarrestar esto, aplica un pequeño principio de «autovalorización» personal. No seas demasiado duro contigo mismo, puesto que esto podría provocar frustraciones y bloqueos. Al contrario, anímate, repítete que lo vas a lograr. Para encontrar la horma profesional de tu zapato, es más eficaz transmitir un mensaje optimista, puesto que una actitud negativa daría de ti una imagen de persona insatisfecha y poco flexible frente a futuros empleadores o colaboradores.

Émile Coué (psicólogo francés, 1857-1926), precursor del pensamiento positivo, explica cómo la autosugestión condiciona al individuo a generar un bienestar. También vale para el caso contrario. Si piensas que te vas a caer de una escalera, cuando te subas a ella estarás nervioso y aumentarás las posibilidades de perder el equilibrio. Los grandes deportistas utilizan igualmente este método de condicionamiento positivo, sobre todo a través de la visualización. No esperes más e imagina que obtienes el puesto ideal para incrementar tu confianza y tu motivación.

Elaborar el balance personal y profesional

Para alcanzar tu objetivo, debes conocer tus puntos fuertes y débiles. Para ello, elabora un balance personal y profesional: una visión global de tu experiencia y de tus competencias constituirá una base excelente para completar tu reciclaje. Sé pragmático para identificar de manera realista tus virtudes y tus defectos. Ayúdate de tu currículo para iniciar tu autoanálisis teniendo presentes los siguientes puntos:

- sector de actividad;
- función/funciones;
- competencias desarrolladas;
- periodo(s)
- verdadero(s) motivo(s) de tu partida;
- una satisfacción profesional, un reto profesional que has asumido. ¿Qué hace que hayas superado este reto? ¿Qué competencia ha marcado la diferencia?;
- cualquier otro punto que te parezca importante con respecto al puesto que ocupabas;
- lo que te gustaba en tu puesto y por qué.

Según los métodos, este balance te permite tener una visión global de ti mismo o esboza un mapa heurístico de tu persona, de tus necesidades, de tus deseos, de tus virtudes y de tus defectos. Te invita a tomar distancia para ayudarte a mantener la cabeza sobre los hombros, independientemente de las decisiones que tengas que tomar. También percibirás un hilo conductor (profesional, personal, moral o intelectual) que te guiará en tu reciclaje.

> «Siempre he sentido una gran pasión por la moda y, en particular, por los accesorios. Tras haber trabajado durante varios años como asesora para una empresa, di a luz a mi primer hijo. Su nacimiento fue el verdadero detonante: durante mi baja de maternidad, me di cuenta de que no me sentía realizada en el trabajo. Cuando analicé mi currículo, observé que poseía aptitudes en el análisis de mercados y una facilidad para presentar de manera eficaz mis ideas. Así, decidí lanzarme en la creación de accesorios de moda. Como ya tenía una gran experiencia en el contacto con los clientes, enseguida conseguí una agenda importante para desarrollar una línea de accesorios y darlos a conocer al público. Trabajo tanto como antes, solo que ahora ya no lo siento como una obligación. Mi pasión por la moda y mi mente analítica fueron mis hilos conductores» (Olivia).

Llevar a cabo con éxito un reciclaje profesional supone igualmente un cuestionamiento personal. Cuidado, no se trata de cambiar todo en ti, sino de aprender a conocerte mejor para descubrir qué profesión te convendría. Responde a estas dos preguntas:

- ¿Cómo te describes en cinco palabras?
- ¿Cómo te describiría tu entorno en cinco palabras?

No siempre coincide la imagen que transmitimos con nuestro interior. Aunque la percepción de los demás no es lo más importante, a veces puede resultar útil, puesto que te brinda otra perspectiva y te permite descubrir si algunos rasgos de tu carácter constituyen un obstáculo o una ventaja.

Para conocerte mejor, puedes recurrir a un *coach* o usar herramientas de evaluación psicológica como el MBTI (*Myers-Briggs Type Indicator*). Este test de evaluación, basado en un método elaborado por Katherine Cook Briggs (teórica sobre psicología, 1875-1968) y su hija, Isabel Briggs Myers (teórica sobre psicología, 1897-1980), determina tu tipo psicológico en función de tus reacciones y de tu comportamiento. Actúa con cautela, porque este cuestionario no es fiable al 100 %, sino que simplemente te ofrece datos sobre los que puedes reflexionar: por lo tanto, muestra siempre un pensamiento crítico. Si te sale como resultado que serías un abogado fantástico, no tomes este camino con resignación, ten en cuenta tus deseos y tus competencias.

Analizar nuestro proyecto

Una vez que has esbozado tu trayectoria deseada, vuelve a tocar con los pies en el suelo, porque para lograr tu proyecto de reciclaje tienes que tener en cuenta el aspecto pragmático. El análisis DAFO (SWOT por sus siglas en inglés), herramienta valiosa utilizada en especial en *marketing*, desvelará las fortalezas (*Strengths*), las debilidades (*Weaknesses*), las oportunidades (*Opportunities*) y las amenazas (*Threats*) de un proyecto, de un concepto o de un producto. De manera simplificada, sintetiza los puntos importantes de tu proyecto profesional siguiendo el siguiente esquema:

El análisis DAFO de tu proyecto

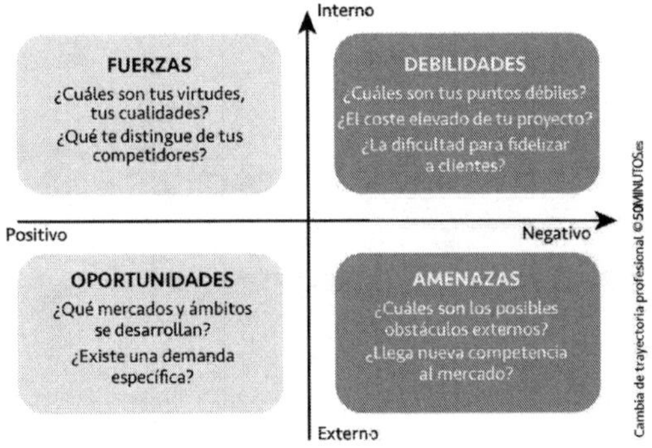

Al recurrir a los elementos que has incluido en tu análisis DAFO, adapta tu concepto en función de la oferta y de la demanda, y de las amenazas y de las oportunidades identificadas.

Innovar

No importa si tu reciclaje se desarrolla en otro departamento de tu empresa actual o si se trata de un proyecto que llevas a cabo como autónomo: en ambos casos, necesitas un concepto como punto de partida. Para hacer una tortilla hay que romper algunos huevos, pero para reinventarte y reciclarte, evita utilizar los mismos huevos que antes, puesto que volverías a reproducir el mismo esquema. No sigas los caminos habituales, innova. No importa qué tipo de reciclaje profesional efectúas: tiene que haber un concepto nuevo, por muy modesto que sea.

La innovación puede llevarse a cabo en diferentes niveles: en tu propia manera de funcionar o desarrollando un nuevo proyecto. Quedarte en tu zona de confort puede limitar tu potencial o tus ambiciones. Si reflexionas acerca de otras ideas o acerca de otras maneras de abordar el trabajo, podrás reciclarte eficazmente. Por ejemplo, si eres el administrador de un edificio y quieres implementar un concepto en el que los aparcamientos de los despachos urbanos se ponen a disposición de los vecinos tras los horarios de trabajo, ¿por qué no captar a las empresas del barrio al que te diriges y desarrollar con ellos una aplicación móvil para gestionar las plazas disponibles?

Para innovar o encontrar un concepto, distingue cuáles son las necesidades a tu alrededor o identifica lo que te falta. Es inútil que te tortures, un buen concepto es simple y eficaz. Si lo visualizas, estarás dando forma a tu cambio de profesión. Avanzar a ciegas es la mejor manera de estrellarse.

Formarse a cualquier edad

Si decides cambiar radicalmente de actividad y tu elección se orienta hacia un ámbito que no dominas, probablemente tendrás que adquirir nuevos conocimientos u obtener otro diploma. Incluso si te quedas en el mismo sector, intenta ponerte al día o seguir una formación para desarrollar nuevas competencias. Infórmate sobre las posibilidades en universidades, escuelas superiores o de promoción social, organismos de empleo, empresas de selección de personal, asociaciones profesionales, etc.

Volver a empezar un ciclo de aprendizaje es un ejercicio que —aparte de lo que vas a aprender— seguramente te inspirará y te ayudará a entablar nuevas relaciones útiles para tu proyecto. Con todo, si deseas retomar los estudios o formarte, tu reciclaje tomará más tiempo. Ten en cuenta este aspecto desde un punto de vista económico. A partir de ahí, se te presentan dos soluciones:

- si tus ahorros te lo permiten o si encuentras ayudas financieras (becas, préstamos, etc.), puedes abandonar tu trabajo actual para implicarte de lleno en tu proyecto. Infórmate acerca de tus opciones antes de dimitir, ya que existen varias soluciones dependiendo de los países: año sabático, derecho a formación, permiso para la creación de empresas, etc.;
- si tus recursos son limitados, siempre puedes pedir un contrato a tiempo parcial a tu jefe, asistir a clases nocturnas o formarte a distancia.

¿QUÉ ESTATUS?

Tu nueva actividad puede llevarte a cambiar de estatus: operario, empleado, autónomo, etc. Esto puede generar un gran desbarajuste, sobre todo cuando nos convertimos en autónomos, puesto que no hay sitio para la improvisación. Deben efectuarse muchos trámites administrativos, financieros y legales, y las normas van variando a lo largo del tiempo. Pide información a personas competentes en el asunto: oficinas de personal, fiscalistas, notarios, contables, abogados, etc. Estos consejos quizás te cuesten mucho, pero al conocer todos los elementos, seguramente evitarás sorpresas desagradables.

Volver a levantarse después de un fracaso

Tener éxito en el reciclaje profesional también implica saber volver a levantarse. Si tu nueva ambición profesional fracasa, considéralo como una experiencia positiva en tu carrera y saca las conclusiones necesarias. Esta derrota puede convertirse en un trampolín, una etapa más, imprevista, que lleva a un nuevo objetivo. Intenta identificar las razones de este fracaso.

- ¿Habías definido mal tus objetivos?
- ¿Te ha faltado suerte o no te habías preparado bien?
- ¿Realmente se ajusta a ti esta profesión?
- ¿Has tenido que renunciar por razones financieras?
- ¿Qué otras acciones podrías haber llevado a cabo para completar con éxito tu reciclaje?

En función de tus respuestas, insiste en el sector hacia el que te habías orientado al principio mejorando los puntos que te perjudican o vuelve a dirigirte hacia uno nuevo. Si todavía estás en una fase de búsqueda, no dudes en llevar a cabo un nuevo trabajo de introspección. Para acabar, sobre todo no pierdas la confianza en ti si no lo logras a la primera. No cuestiones toda tu evolución, sino únicamente los aspectos que lo merezcan.

LOS MEJORES CONSEJOS

- **Mantén un espíritu joven y dinámico**. El reciclaje profesional no tiene límite de edad y se dirige a todos aquellos que tienen la clara intención de lanzarse. Si ya has alcanzado una cierta cantidad de primaveras, acabas de encontrar uno de tus puntos fuertes: tu experiencia y tus vivencias tendrán un gran valor. Siempre podrás contar con este punto de partida para completar con éxito tu cambio de actividad.
- **Si no tienes experiencia, pide consejo a los veteranos y conversa con ellos**. Como no puedes basarte en tu experiencia en una entrevista de trabajo o en una reunión profesional, apuesta por tu personalidad y por tus cualidades individuales. Pon de relieve tu originalidad para desmarcarte del resto.
- **Utiliza el *networking* y convierte tu agenda de contactos en tu mejor aliado.** Si todavía no tienes contactos útiles para desarrollar tu idea o tu proyecto, no pases por alto la importancia de la red y de las herramientas de comunicación modernas. Inscríbete en seminarios, en grupos de trabajo o en redes sociales como LinkedIn, Viadeo, Facebook, etc. Tras haber escogido a las personas con las que quieres contactar, tendrás que cuidar correctamente tu red, puesto que toda esa gente podría convertirse en clientes potenciales o en embajadores de tu producto/servicio. Una buena comunicación representa la mitad del trabajo.
- **Antes de lanzarte en un proyecto, analiza el aspecto financiero.** El *business plan* o plan de negocio es una

etapa obligatoria que no solo te ayudará a representar la estructura de tu proyecto, sino que también arrojará luz sobre la organización del tiempo y el dinero necesario para llevarlo a cabo. Además, es imprescindible realizar un estudio de mercado si se trata de un reciclaje comercial, por ejemplo. Para acabar, infórmate sobre los elementos que los bancos o las administraciones exigen si tienes que solicitarlos.

- **Encuentra tu ritmo de trabajo.** Si tu objetivo de reciclaje es pisar el freno, escoge una actividad a tiempo parcial u opta por un puesto con menos responsabilidades. Pero acostumbrarse a un nuevo ritmo no siempre es fácil. Si perteneces al grupo de gente a la que le cuesta disminuir la cadencia, mantén cierta intensidad en tu profesión mientras aprendes a soltar lastre.

- **No te precipites**, puesto que esta es la forma más fácil de fracasar. Cambiar de trayectoria exige tiempo para reflexionar, trabajar sobre uno mismo y, finalmente, tomar la decisión correcta. Si tienes que cursar formaciones, tendrás que armarte de mucha paciencia. De nuevo, no aceleres el proceso, espera a estar preparado y a tener todas las bazas para lanzarte.

- **Infórmate sobre las clases nocturnas o a distancia.** En este caso, podrías mantener tu puesto actual durante tu periodo de reciclaje. Desde un punto de vista organizativo y financiero, esto podría ayudarte a aligerar tu proyecto.

- **Sé realista.** Antes de reciclarte, confronta tus ideales y la realidad. Cambiar de orientación profesional no quiere decir que tu nivel de vida evolucionará increíblemente. Ten una actitud entusiasta, pero no seas ingenuo. Idealizar una situación podría llevarte directamente a la decepción. Mantén los pies en la tierra y, antes de iniciar tu reciclaje, infórmate sobre el mercado de trabajo y sobre las formaciones disponibles, anticípate y reflexiona concienzudamente acerca de los distintos paneles de actividades que deseas llevar a cabo. Si decides reorientarte pensando que tu futura actividad te ofrecerá una total plenitud, puede que estés huyendo de una situación de malestar, y en ese caso, un cambio de carrera no será la solución. Las obligaciones y las limitaciones son inherentes a cualquier actividad profesional, ya seas empleado o jefe.

- **Escribe tu planificación en papel y fíjate fechas límite.** Incluso si tu preparación resultará larga e incluso ardua, los plazos te ayudarán a seguir el rumbo y a redefinir los objetivos en caso de que sea necesario.

PREGUNTAS FRECUENTES

¿CÓMO ESCOGER MI NUEVA PROFESIÓN?

No te tomes esta etapa a la ligera. Algunos ya tienen decidido el ámbito o la profesión, pero otros tendrán que empezar por un trabajo de introspección. Elabora un balance personal y profesional para establecer una lista con tus puntos fuertes y débiles, con tus competencias y tus aspiraciones, que te ayude a decidirte por una profesión en la que te sientas realizado. Antes de empezar, sé consciente de la realidad económica actual informándote acerca del mercado laboral.

¿HASTA QUÉ EDAD PUEDO RECICLARME PROFESIONALMENTE?

Cambiar de carrera no es exclusivo de una generación. Sin embargo, dependiendo de tu edad, no apostarás por las mismas cualidades. Por ejemplo, un empleado de cuarenta años que posea una cierta experiencia la pondrá al servicio del proyecto para evitar errores que ya se ha encontrado en el pasado. Alguien sin experiencia venderá su creatividad, su punto de vista novedoso y su capacidad de adaptación. Cualquier edad tiene sus ventajas.

¿EXISTEN PROFESIONES MÁS PROPICIAS PARA UN RECICLAJE?

En función del mercado de trabajo y del puesto, sí. Algunos sectores están más saturados que otros, pero nada te impide que lo intentes si te preparas lo suficiente y si estás motivado. De ahí la importancia de efectuar un buen estudio de mercado antes de iniciar el proceso.

NO ME GUSTA MI TRABAJO ACTUAL, PERO TENGO UN CONTRATO INDEFINIDO. ¿ES ACERTADO DEJARLO TODO?

Antes de dar el paso, plantéate las preguntas correctas. ¿Por qué no te gusta tu trabajo? ¿Es por el ambiente, por las funciones que lleva aparejadas? ¿Te aburres? Analiza tus respuestas para asegurarte de que te vas a reciclar por las razones adecuadas. Y no abandones un puesto de trabajo sin saber en qué dirección vas a ir. Tómate tu tiempo para pensar. Además, no hay que desdeñar un contrato indefinido. En función de tus posibilidades (apoyo de la familia o de la pareja), evalúa si cuentas con los recursos necesarios para renunciar a un contrato estable por el momento. Cuando uno se brinda la oportunidad de reciclarse, también implica que debe organizarse para poder operar un cambio sin ponerse en aprietos. Establece una programación y cumple tus objetivos para avanzar hacia tu nueva orientación profesional, incluso si en un primer momento conservas tu contrato indefinido.

¿CÓMO FINANCIAR MI RECICLAJE?

No existe una fórmula preestablecida. Los casos son tantos que es imposible establecer una hoja de ruta general. No obstante, debes respetar algunas reglas de oro para conservar un equilibrio financiero. Antes de lanzarte, calcula el tiempo necesario para que tu nueva actividad genere ingresos. Reciclarse es una buena iniciativa, pero no descuides por ello los aspectos pragmáticos: una formación, un fondo de comercio, gastos variados, etc. A veces, son cantidades importantes. No olvides que tienes que ser capaz de saciar tu hambre en todo momento.

Antes de nada, dirígete al organismo público encargado de los asuntos de empleo en tu región. Te dará información acerca de las posibles becas y ayudas financieras que quizás cubran una parte de los costes de tu formación. Si no recurres a ayudas externas ni cuentas con ahorros, puedes seguir temporalmente en tu puesto actual y cursar una formación a distancia o inscribirte en clases nocturnas.

¿CUÁLES SON LOS ESCOLLOS QUE DEBO SALVAR?

- No te dejes vencer por el estrés si las cosas no se desarrollan inmediatamente como habías previsto. Ármate de paciencia y fíjate objetivos con plazos claros. Se trata de hacer que tu actividad profesional despegue, no de que te hundas económica y moralmente.
- Si tu intención es reciclarte gradualmente y empiezas por un puesto de transición, no te dejes atrapar por lo temporal. Solo conseguirás matar tu entusiasmo y tu motivación. Por eso es importante establecer una programación.
- No juegues con tu carrera. Aquí, los retos son considerables y un reciclaje puede conllevar riesgos. Si no dominas algunos aspectos de tu nueva profesión, no dejes pasar

una formación o un consejo profesional: todo sirve.

- Ten siempre preparado un plan B. Sé creativo, una solución no siempre debe imitar a las demás. Para vivir con tranquilidad tu reciclaje, ten la mente abierta a otras opciones en caso de que tus primeros trámites no den ningún fruto. «Todos los caminos llevan a Roma»: existen sendas variadas para alcanzar tu objetivo. Algunas tendrán más baches que otras, pero lo importante es lograrlo.

¡AHORA ES TU TURNO!
CINCO ETAPAS CLAVE

Establece tu plan de acción utilizando el esquema que te presentamos a continuación. Completa cada punto, uno tras otro, para llegar a resumir tus ideas y prepárate para lanzarte a la aventura.

1. CONSTATACIÓN
Quiero cambiar de profesión.

2. ANÁLISIS
¿Por qué? Define tus motivos.
¿Se trata de un arrebato o tienes razones de peso?

3. ACCIÓN
Escoge una nueva profesión. ¿Sabes ya claramente hacia dónde quieres ir? Si no, ¿tienes pensado algún sector?
¿Vas a elaborar un balance?

4. PROGRAMA
Elabora tu programa. Infórmate sobre formaciones, etc.

5. REALIZACIÓN
Tu recorrido estará repleto de obstáculos y éxitos. Sé paciente para alcanzar tu objetivo.

PARA IR MÁS ALLÁ

FUENTES BIBLIOGRÁFICAS

- Actiris, "Comment aborder le marché du travail", noviembre de 2013. Consultado el 29 de noviembre de 2016. http://www.actirisinternational.be/documents/FRANCE%20-%20FRANCE%20-%20FRANKRIJK/Comment%20aborder%20le%20march%C3%A9%20du%20travail%20(fr).pdf
- Audibert, Olivier. 2009. "La pyramide des besoins de Maslow". *Psychologue du travail*. 7 de diciembre. Consultado el 22 de noviembre de 2016. http://www.psychologuedutravail.com/tag/pyramide-des- besoins-de-maslow/
- Dutheil, Christophe y Mariana Losada. 2012. "Quête de sens au travail: des métiers en mutation". *L'Express*. 25 de septiembre. Consultado el 22 de noviembre de 2016. http://www.lexpress.fr/emploi/business-et-sens/quete-de-sens au-travail-des-metiers-en-mutation_1165238.html
- Franken, Priscillia. 2010. "Suis-je bon pour une reconversion?". *Je me reconvertis*. Consultado el 22 de noviembre de 2016. http://www.jemereconvertis.fr/index.php?id=408
- Gellé, Éric. 2014. "Ressources humaines: les 5 grandes tendances de 2015". *Les Échos*. 21 de diciembre. Consultado el 29 de noviembre de 2016. http://www.lesechos.fr/idees-debats/cercle/cercle-120330-rh-les-grandes-tendances-2015-1077075.php
- Hohmann, Christian. 2014. "La pyramide de Maslow".

Christian Hohmann. 10 de octubre. Consultado el 22 de noviembre de 2016. http://christian.hohmann.free.fr/index.php/management-du-changement/348-la-pyramide-de-de-maslow

- Mazelin-Salvi, Flavia. 2013. "4 exercices pour identifier vos priorités". *Psychologies*. Enero. Consultado el 29 de noviembre de 2016. http://www.psychologies.com/Moi/Se-connaitre/Comportement/Articles-et-Dossiers/Aller-a-l-essentiel/4-exercices-pour-identifier-vos-priorites
- Respect au travail, "Les risques psychosociaux". Consultado el 22 de noviembre de 2016. http://respectautravail.be/
- RSE Magazine, "Comment surmonter la perte de sens au travail?", 19 de febrero de 2013. Consultado el 22 de noviembre de 2016. http://www.rse-magazine.com/Comment-surmonter-la-perte de-sens-au-travail_a252.html

FUENTES COMPLEMENTARIAS

- Capo-Chichi, Christelle y Fatiha Temmouri. 2011. *Le grand livre de la reconversion professionnelle*. París: Studyrama-Vocatis.
- Simon, Maud. 2011. *Fais ce qu'il te plaît! 12 semaines pour trouver votre voie et rencontrer votre destin*. París: InterÉditions.

¡APRENDER NUNCA ANTES FUE TAN RÁPIDO!

www.en50minutos.es

Made in the USA
Monee, IL
07 July 2026